Marc Chagall : Entre Ciel et Terre

Un Voyage Artistique de la Biélorussie à New York

Par

Charlotte Jane Fontaine

Table des matières :

INTRODUCTION

Marc Chagall, un nom qui résonne comme une mélodie poétique dans le monde de l'art, a tracé son propre chemin céleste à travers des continents et des époques tumultueuses. De ses modestes débuts dans la Biélorussie de Vitebsk à sa consécration artistique à Paris, puis son exil forcé à New York pendant la Seconde Guerre mondiale, Chagall a façonné un héritage artistique exceptionnel, capturant l'essence de son époque tout en transcendant les frontières géographiques.

Ce livre, "Marc Chagall: Entre Ciel et Terre - Un Voyage Artistique de la Biélorussie à New York", propose une plongée immersive dans la vie et l'œuvre de Marc Chagall, en mettant particulièrement l'accent sur ses influences évolutives. À travers sept chapitres, nous explorerons les racines danses traditionnels ont trouvé leur place dans son univers artistique, créant un pont entre le passé culturel et la modernité émergente. Cette connexion profonde avec les racines biélorusses a contribué à donner à son art une authenticité captivante, transcendant les frontières géographiques.

Ce chapitre dévoile ainsi la toile complexe des premières années de Marc Chagall à Vitebsk, soulignant comment cette période a façonné son identité artistique unique. Des rues pavées de sa ville natale aux premières touches de sa palette, chaque élément de ce paysage biélorusse a contribué à l'émergence d'un artiste appelé à laisser une empreinte indélébile sur l'histoire de l'art.

Chapitre 2: L'Éclosion Artistique à Paris

Voyage de Chagall à Paris et son immersion dans le monde artistique effervescent du début du XXe siècle

Le Départ pour Paris

Au début du XXe siècle, Paris était l'épicentre de l'effervescence artistique, attirant des esprits créatifs du monde entier. Ce chapitre explore le périple de Marc Chagall depuis sa Biélorussie natale jusqu'aux rues animées de la capitale française. Son départ pour Paris en 1910 marque le début d'une nouvelle phase de sa carrière, ouvrant la voie à des expérimentations artistiques audacieuses.

Immersion dans le Montparnasse Bohème

À son arrivée à Paris, Chagall s'installe dans le quartier bohème de Montparnasse, où se côtoient des artistes novateurs, des écrivains révolutionnaires et des penseurs avant-gardistes. Cette immersion dans ce microcosme artistique vibrant expose Chagall à des idées nouvelles, à des courants intellectuels stimulants et à une diversité culturelle qui allait profondément influencer son évolution artistique.

Examen des mouvements artistiques qui ont influencé Chagall, tels que le cubisme et le surréalisme

Dialogue avec le Cubisme

Chagall, tout en préservant son style distinctif, s'est engagé dans un dialogue créatif avec les mouvements artistiques prédominants de son époque. Le chapitre explore comment le cubisme, avec ses formes géométriques et sa déconstruction de la réalité, a exercé une influence sur Chagall. Il s'agit d'une phase de transformation où l'artiste intègre les éléments cubistes tout en préservant l'aspect narratif et émotionnel qui caractérise son travail.

Émergence du Surréalisme

Dans le sillage du cubisme, Chagall explore également les territoires du surréalisme. Le chapitre examine comment les idées surréalistes, avec leur fascination pour l'inconscient et le symbolique, ont trouvé écho dans l'imagination foisonnante de Chagall. Ses œuvres de cette période témoignent d'une fusion unique entre le rêve et la réalité, où les éléments fantastiques et oniriques prennent une place prépondérante.

La Synthèse Chagallesque

Au-delà de l'assimilation de ces mouvements, Chagall parvient à créer une synthèse chagallesque, fusionnant les influences parisiennes avec ses racines biélorusses. L'examen détaillé de ses œuvres emblématiques de cette période dévoile comment il a transcendé les étiquettes artistiques pour créer un langage visuel unique, porteur d'une riche signification émotionnelle et symbolique.

Ce chapitre invite ainsi les lecteurs à parcourir les rues de Paris aux côtés de Chagall, à explorer les galeries animées et à comprendre comment la capitale française a servi de catalyseur pour son éclosion artistique exceptionnelle. C'est dans ce melting-pot culturel que Chagall a forgé les fondements d'un style qui allait continuer à évoluer et à émerveiller le monde de l'art.

Chapitre 3: Berlin et l'Impact du Bauhaus

Séjour de Chagall à Berlin et son interaction avec le mouvement artistique du Bauhaus

Arrivée à Berlin

Dans les années 1920, Marc Chagall s'engage dans un nouveau chapitre de son voyage artistique en s'installant à Berlin. La ville, en plein essor culturel et intellectuel, devient le théâtre de rencontres déterminantes et d'échanges créatifs pour l'artiste. Ce chapitre explore le contexte de l'Europe de l'entre-deux-guerres et la décision de Chagall de s'immerger dans le bouillonnement artistique berlinois.

Rencontre avec le Bauhaus

Au cœur de la scène artistique berlinoise, Chagall entre en contact avec le mouvement avant-gardiste du Bauhaus, fondé par Walter Gropius. Le chapitre examine les circonstances de cette rencontre et comment Chagall, avec sa sensibilité artistique déjà bien établie, s'engage avec l'approche moderne et innovante prônée par le Bauhaus.

Influence de l'approche moderne et innovante du Bauhaus sur le travail de Chagall

Fusion de Styles

Le Bauhaus, en promouvant une fusion entre les arts appliqués et les beaux-arts, a profondément influencé Chagall. L'analyse approfondie des œuvres de cette période révèle comment Chagall intègre les principes du Bauhaus dans son propre langage artistique. La géométrie rigoureuse, les couleurs vives et l'expérimentation avec les formes et les matériaux caractéristiques du Bauhaus se mêlent à l'imagination narrative distinctive de Chagall.

Innovations Techniques

Le séjour de Chagall à Berlin sous l'influence du Bauhaus marque également une période d'exploration technique. Les nouvelles méthodes artistiques et les innovations technologiques du Bauhaus stimulent son intérêt pour de nouvelles approches artistiques. Cette exploration technique contribue à enrichir sa palette artistique, élargissant ses horizons créatifs tout en préservant l'essence de son style unique.

Réception Critique et Évolution Personnelle

Le chapitre aborde également la réception critique de l'œuvre de Chagall influencée par le Bauhaus et l'impact de cette période sur son évolution personnelle en tant qu'artiste. Comment il intègre les critiques et les réflexions dans son processus créatif, tout en restant fidèle à son propre génie artistique, est au cœur de cette exploration.

Ce chapitre plonge dans l'effervescence artistique berlinoise des années 1920, capturant la symbiose entre Chagall et le Bauhaus. C'est une période d'innovation et de fusion stylistique qui marque une étape significative dans le parcours artistique de Chagall, préparant le terrain pour les évolutions à venir dans son œuvre.

Chapitre 4: Retour à Paris - L'Épanouissement de Chagall

La période post-Berlin à Paris, où Chagall développe son style unique

Retour à Paris

Après son séjour à Berlin, Chagall revient à Paris au début des années 1930, porteur des influences berlinoises et du dynamisme du Bauhaus. Ce chapitre explore les circonstances de son retour à la Ville Lumière, mettant en lumière les changements perceptibles dans son style artistique et sa quête constante d'expression.

Évolution Stylistique

Le retour de Chagall à Paris marque une période d'épanouissement artistique. Le chapitre analyse en détail comment l'artiste intègre et transforme les influences berlinoises, créant un style qui lui est propre. L'exploration des éléments cubistes, surréalistes et bauhausiens dans son travail révèle une synthèse magistrale qui transcende les étiquettes artistiques conventionnelles.

Exploration des thèmes récurrents dans son œuvre, tels que l'amour, la religion et le folklore

L'Amour Éternel

Chagall, tout au long de sa carrière, a consacré une part significative de son œuvre à la représentation de l'amour. Le chapitre examine comment cette thématique évolue après son retour à Paris, explorant les nouvelles nuances et expressions dans sa représentation de l'amour conjugal, familial et universel. Les personnages flottants, les visages épanouis et les étreintes passionnées deviennent des éléments caractéristiques de cette période.

L'Élan Religieux

La religion, ancrée dans les racines biélorusses de Chagall, continue d'être un fil conducteur dans son travail post-Berlin. L'analyse de ses œuvres révèle comment il explore de manière plus profonde et expressive les thèmes bibliques, souvent utilisant des images et des symboles empreints de spiritualité. Les anges, les scènes bibliques et les références mystiques deviennent des motifs récurrents, témoignant de sa quête spirituelle constante.

Hommage au Folklore

Le folklore, qui a toujours été une source d'inspiration pour Chagall, connaît une renaissance dans cette période parisienne. Le chapitre se plonge dans ses représentations colorées et dynamiques du folklore russe et juif. Chagall explore comment ces éléments folkloriques enrichissent son travail, ajoutant une couche supplémentaire de complexité et de connexion avec ses origines.

Ce chapitre offre un regard approfondi sur la période cruciale du retour de Chagall à Paris, mettant en évidence son épanouissement artistique et son raffinement stylistique. En explorant les thèmes qui ont façonné son œuvre, nous découvrons un Chagall qui, loin de s'installer dans une routine artistique, continue d'explorer de nouveaux horizons et d'enrichir son langage visuel.

Chapitre 5: Évasion vers New York

La fuite de Chagall vers New York pendant la Seconde Guerre mondiale

Les Ombres de la Guerre

Alors que l'Europe est plongée dans les ténèbres de la Seconde Guerre mondiale, Chagall, en tant qu'artiste juif, se trouve confronté à des menaces croissantes. Ce chapitre explore les circonstances qui ont poussé Chagall à fuir l'Europe ravagée par la guerre et à chercher refuge de l'autre côté de l'Atlantique.

Arrivée à New York

New York, métropole bouillonnante et havre de créativité, devient le lieu d'exil pour Chagall. Le chapitre détaille son arrivée dans cette ville cosmopolite en pleine ébullition artistique et intellectuelle. L'analyse des premières impressions de Chagall face à la skyline imposante de Manhattan et à la diversité culturelle de la ville met en lumière les défis et les opportunités qui l'attendent.

Impact de la vie en exil sur son art et sa carrière

Réflexions sur l'Exil

La vie en exil marque un tournant dans la carrière de Chagall. Ce chapitre explore comment la rupture avec sa terre natale a influencé sa perspective artistique et son expression créative. Les réflexions de Chagall sur l'exil, la nostalgie et la perte se manifestent à travers des œuvres poignantes, où les thèmes de l'éloignement

et de la quête d'identité deviennent
prédominants.

Adaptation à la Scène Artistique Américaine

L'impact de New York sur l'art de Chagall
est également examiné en détail. La ville,
en tant que melting-pot culturel, offre de
nouvelles inspirations et opportunités. Le
chapitre dévoile comment Chagall s'adapte
à la scène artistique américaine,
interagissant avec des artistes, des
galeristes et des collectionneurs, et
comment ces interactions influent sur son
travail.

La Palette de New York

L'évolution de la palette de Chagall pendant
son séjour à New York est également un
aspect clé de cette exploration. Le passage
des tons plus doux de la France aux
couleurs vibrantes de l'Amérique se reflète
dans ses œuvres de cette période.
Comment ces changements de couleur
reflètent son adaptation à un nouvel

environnement culturel est minutieusement examiné.

Ce chapitre révèle ainsi la transition poignante de Chagall vers un nouvel horizon, marqué par la tragédie de la guerre et les défis de l'exil. C'est une exploration des émotions complexes et des transformations artistiques qui ont caractérisé cette période cruciale de sa vie, laissant une empreinte indélébile sur son œuvre.

Chapitre 6: Synthèse des Influences

Analyse approfondie des différentes influences artistiques et culturelles qui se sont entrelacées dans le travail de Chagall

Diversité des Influences

La riche carrière de Marc Chagall est une mosaïque d'influences provenant de différentes époques, lieux et mouvements artistiques. Ce chapitre se penche sur les multiples fils qui ont tissé la trame de son œuvre, explorant en détail comment des influences aussi diverses que le folklore russe, le cubisme, le surréalisme, le Bauhaus et la vie en exil à New York ont convergé dans son travail.

La Persistance des Racines Biélorusses

Bien que Chagall ait navigué à travers diverses influences artistiques, les racines biélorusses restent un fil conducteur essentiel. Ce chapitre analyse comment la culture, la religion et le folklore de la Biélorussie continuent d'être des sources d'inspiration constantes, même au milieu des tumultes artistiques et des changements de lieu.

Impact des Mouvements Artistiques

Une analyse minutieuse examine comment Chagall a absorbé et transformé les éléments du cubisme, du surréalisme et du Bauhaus dans son propre langage artistique. Le dialogue subtil avec ces mouvements révolutionnaires révèle la capacité de Chagall à intégrer les idées avant-gardistes tout en préservant son individualité artistique.

Comment Chagall a fusionné ses expériences pour créer un langage artistique unique

L'Expression Narrative

Chagall a brillamment synthétisé ses expériences dans un langage visuel distinctif. Ce chapitre se penche sur la manière dont il a canalisé ses émotions, ses réflexions et ses expériences dans des récits visuels captivants. Son aptitude à utiliser des images symboliques pour raconter des histoires émotionnelles, souvent autobiographiques, se révèle comme une caractéristique marquante de sa synthèse artistique.

Les Couleurs de l'Émotion

L'analyse de la palette de Chagall révèle comment il a transformé les couleurs en véhicules émotionnels. Les couleurs vives et audacieuses, imprégnées de significations symboliques, sont le résultat de la synthèse de ses expériences et de ses influences. Ce chapitre explore comment chaque teinte et nuance contribue à la richesse émotionnelle de son œuvre.

L'Héritage de New York

La vie en exil à New York a laissé une empreinte particulière sur le travail de Chagall. L'analyse de cette période met en lumière comment il a intégré les éléments de la vie urbaine américaine dans son art, élargissant ainsi sa palette artistique tout en conservant sa sensibilité européenne distinctive.

Ce chapitre offre une plongée approfondie dans le processus complexe de synthèse artistique de Chagall, explorant comment il a tissé un tapis visuel unique à partir des multiples fils de ses influences. C'est une réflexion sur la créativité en constante évolution d'un maître qui a transcendé les frontières pour créer un langage artistique universellement significatif.

Chapitre 7: Héritage et Influence Contemporaine

Exploration de l'héritage de Chagall dans le monde de l'art contemporain

Marc Chagall, par sa créativité exceptionnelle, a gravé une empreinte indélébile dans l'histoire de l'art. Ce dernier chapitre s'attarde sur la pérennité de son œuvre, scrutant la manière dont sa vision continue de transcender le temps et de laisser une empreinte significative dans le paysage artistique contemporain.

Pérennité de l'Œuvre

L'œuvre de Chagall persiste au-delà des frontières temporelles. Son langage visuel, riche en émotion et en symbolisme, continue de captiver les amateurs d'art et de susciter l'admiration des critiques contemporains. L'analyse des expositions rétrospectives et des ventes aux enchères offre un éclairage sur la valeur continue et la demandes soutenue pour ses créations.

Réception Critique

La réception critique de Chagall au XXIe siècle reflète la diversité de ses influences et la pertinence continue de son travail. Les critiques contemporains explorent les nuances de son héritage artistique, démontrant comment son œuvre résiste au passage du temps et reste sujette à une interprétation riche et variée.

Réflexion sur la manière dont son œuvre continue d'inspirer de nouveaux artistes

Chagall Comme Source d'Inspiration

Chagall n'est pas simplement un chapitre clos dans l'histoire de l'art, mais plutôt une source vivante d'inspiration pour de nombreux artistes contemporains. Des peintres aux sculpteurs, des vidéastes aux artistes numériques, nombreux sont ceux qui trouvent dans les compositions oniriques de Chagall une inspiration pour leurs propres explorations artistiques. Des études de cas détaillées mettent en lumière comment des artistes contemporains intègrent délibérément des éléments chagalliens dans leurs œuvres, créant ainsi un dialogue entre les générations artistiques.

Thématiques Chagalliennes Aujourd'hui

Les thèmes chagalliens tels que l'amour, la religion et le folklore continuent de résonner de manière vibrante dans l'art contemporain. Ce chapitre explore des œuvres contemporaines qui, de manière consciente ou inconsciente, font écho aux thèmes chagalliens. L'influence de son approche narrative et symbolique reste manifeste dans les productions artistiques actuelles.

Éducation Artistique

L'héritage de Chagall se perpétue également à travers l'éducation artistique. Les institutions académiques et les programmes éducatifs intègrent son travail dans leurs cours, offrant aux jeunes artistes une chance d'explorer et d'apprécier la richesse de son langage artistique. Des ateliers et des projets pédagogiques s'inspirent de sa créativité, faisant de Chagall un maître toujours présent dans les salles de classe d'art du monde entier.

Ce chapitre conclut notre exploration en soulignant que l'héritage de Chagall ne se mesure pas seulement à travers les œuvres qu'il a laissées, mais également dans la manière dont son esprit créatif continue de vivre à travers les créations contemporaines. C'est une célébration de la vitalité de son influence, démontrant que, même des décennies après sa mort, Marc Chagall demeure une force motrice dans le façonnement de l'art contemporain.

CONCLUSION : Au-Delà de la Toile, l'Éternité de Chagall

À travers les sept chapitres qui ont émaillé notre exploration de la vie et de l'œuvre de Marc Chagall, nous avons suivi le parcours captivant d'un artiste dont l'impact transcende les frontières temporelles et géographiques. Chagall, avec son pinceau magique, a peint une fresque émotionnelle qui s'étend de la Biélorussie à New York, capturant l'essence même de son époque tout en résistant à l'épreuve du temps.

Dans les rues pavées de Vitebsk, nous avons découvert les racines biélorusses qui ont nourri l'imaginaire de Chagall, tandis que Paris a été le creuset où son talent a éclos dans un foisonnement artistique. À Berlin, le mouvement du Bauhaus a laissé son empreinte, élargissant la palette créative de Chagall, et le retour à Paris a marqué l'épanouissement d'un style unique, tissé de l'amour, de la religion, et du folklore qui ont marqué sa jeunesse.

L'exil forcé à New York pendant la Seconde Guerre mondiale a constitué une épreuve poignante, mais également une période de réflexion et d'adaptation qui a laissé une trace indélébile dans son œuvre. La synthèse de ses influences, de la diversité de son parcours, a donné naissance à un langage artistique unique, reconnaissable entre mille.

En explorant son héritage contemporain, nous avons constaté comment Chagall demeure une source inépuisable d'inspiration pour les artistes d'aujourd'hui. Son œuvre continue de vibrer dans les galeries d'art et les salles de classe, prouvant que la magie de Chagall n'est pas simplement confinée au passé, mais qu'elle éclaire toujours le présent.

Ainsi, Marc Chagall, tel un funambule entre ciel et terre, a su naviguer entre les influences, les lieux, et les époques, créant un héritage qui transcende les frontières. Son art, imprégné de couleur, de symbolisme et d'émotion, demeure une invitation à un voyage intemporel, où chaque toile devient une fenêtre ouverte sur l'âme de l'artiste. À travers ce périple, nous avons touché du doigt la magie de Chagall, et son éternité dans le panorama artistique mondial demeure une réalité indiscutable.

Annexe: Chronologie de la Vie de Marc Chagall

1887 - **7 juillet** : Marc Chagall naît à Vitebsk, en Biélorussie, dans une famille juive.

1906-1910 - **Études à Saint-Pétersbourg :** Chagall étudie l'art à Saint-Pétersbourg, où il est exposé aux mouvements artistiques émergents de l'époque.

1910 - **Voyage à Paris :** Chagall s'installe à Paris, le berceau de l'avant-garde artistique, où il est influencé par le cubisme et le fauvisme.

1914-1917 - **Retour à Vitebsk :** La Première Guerre mondiale contraint Chagall à retourner en Biélorussie, où il continue de développer son style distinctif.

1918-1920 - **Commissaire à la Culture :** Chagall est nommé commissaire à la culture de la République populaire biélorusse, démontrant son engagement envers l'art et la culture.

1920 - **Voyage à Berlin :** Chagall se rend à Berlin, où il est exposé au Bauhaus et à d'autres mouvements artistiques progressistes.

1923 - **Retour à Paris :** Chagall retourne à Paris, intégrant les influences parisiennes tout en préservant son identité artistique.

1937 - **Exposition Internationale :** Chagall participe à l'Exposition internationale à Paris, consolidant sa renommée internationale.

1941-1948 - **Exil à New York :** La Seconde Guerre mondiale pousse Chagall à fuir l'Europe pour New York, où il continue de créer malgré l'exil.

1952 - **Retour en France :** Chagall retourne en France après la guerre, réaffirmant ses liens avec le pays qui a joué un rôle crucial dans son développement artistique.

1967 - **Musée National Message Biblique Marc Chagall :** Chagall réalise une partie de son rêve en inaugurant le Musée National Message Biblique Marc Chagall à Nice.

1985 - **Décès :** Marc Chagall décède le 28 mars à Saint-Paul-de-Vence, en France, laissant derrière lui un héritage artistique immortel.

Cette chronologie offre un aperçu de la vie riche et mouvementée de Marc Chagall, illustrant son parcours artistique exceptionnel à travers les époques et les continents.